唱一唱《英文字母歌》和《汉语拼音字母歌》，就明白啦！
是英文字母表，也是汉语拼音字母表，但是
不一样哦！

万能解码表

A	B	C	D	E	F	G	H	I	J	K	L	M	N	O	P	Q	R	S	T	U	V	W	X
1	2	3	4	5	6	7	8	9	10	11	12	13	14	15	16	17	18	19	20	21	22	23	2

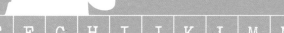

少年大侦探·福尔摩斯探案笔记

惊天迷案

Textes: Sandra Lebrun
Illustrations: Gérald Guerlais
〔法〕桑德哈·勒布伦 编
〔法〕热拉尔·盖合莱 绘
李尧 译

深圳出版社

内容导航

内容简介

夏洛克·福尔摩斯是英国小说家阿瑟·柯南·道尔在19世纪末塑造的一个著名侦探。此后，“福尔摩斯”系列小说多次被改编成电影、电视剧、舞台剧、漫画，甚至游戏。福尔摩斯以其传奇的演绎推理解决了许多极其复杂的案件。

在本书中，你会跟随福尔摩斯和他的朋友一同历险，和他们一起解决80个疑难问题，包括拼音重组、算术推算、破解密码、组词造句、逻辑推理……如果你认为自己已经找到正确答案，可以参考本书最后面的答案。

快来和世界上最著名的侦探一起探案，变身大侦探，完成独一无二的探案笔记。

人物介绍

夏洛克·福尔摩斯

一位有着绝佳记忆力的私家侦探。他总是拿着放大镜，经常戴着著名的猎鹿帽。破案时，华生医生总是陪伴在他身旁。

华生医生

福尔摩斯的朋友。他们合租一套公寓——伦敦贝克街221号B室。他们会一起破解迷案。

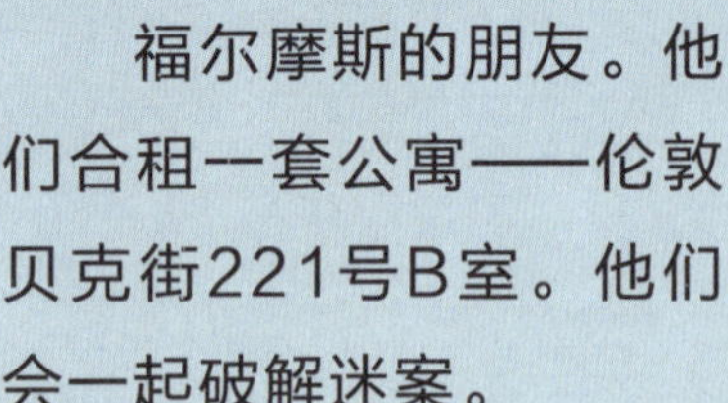

悠悠

一只嗅觉灵敏的小狗，总能帮助福尔摩斯找到线索。

福尔摩斯和华生医生的房东。她是个做事有条不紊的女士。

英国伦敦警察厅苏格兰场最佳警探之一。他比不上福尔摩斯，但办案效率也极高。

福尔摩斯的敌人，也是所有警察的敌人。

1

马隆庄园迷案

马隆夫人被刺伤了。福尔摩斯抵达犯罪现场后，马隆夫人的秘书黛西接待了他。福尔摩斯搜查这幢豪宅的时候，马隆先生让管家玛丽送上冷饮和点心。对福尔摩斯来说，这是难得的款待。

最后，他在书房的一本书里发现了这封隐秘的信：

玛 是 丽

管

干 的 家

你知道谁是罪犯了吗？
请试着将这些字组合成
一句话。

答案见第 86 页

2

解码爪印

华生医生把福尔摩斯寄给他的信掉在地上。小狗悠悠踩了上去，留下许多脚印。观察每个脚印所代表的拼音字母，填到信中，再加上声调，你就能知道信的内容。

答案见第 86 页

3

出口

雷斯垂德探长正在寻找莫里亚蒂的藏身之处。为了找到这个地方，他必须按顺序把下面地点的拼音填在方格里。线索会出现在黄色方格里。

提示：别忘了给线索加上声调。

2. 地洞
6. 河岸
3. 前楼
5. 门厅

1. 田里
4. 山地
7. 暗房

1									
2									
3									
4									
5									
6									
7									

答案见第 86 页

4

新任务

福尔摩斯跟华生医生说，他们得去一个地方完成一项新任务。

请根据下面的提示，帮华生医生找到要去的地方。

它的第一个字用来叫人很亲切。

它的第二个字能帮助植物吸收营养。

它的第三个字是君主办公的地方。

这三个字合在一起，就是我们要去办案的国家。

这是哪个国家呢？

答案见第 86 页

5

密码情报

苏格兰场刚获得一份编码情报，内容是关于一群歹徒藏赃物的地点。雷斯垂德探长读不懂这份编码情报，幸好福尔摩斯就在附近。

你能破解这份情报吗？万能解码表可以派上用场了。

ub nfo ef rjbo
dboh zv ej
ubo yjb njbo

提示

按汉语拼音字母表顺序，将情报中每一个字母都用其前一个字母替代，再加上声调。

答案见第 86 页

6

放松

辛苦了一周之后，福尔摩斯跟华生医生一起玩飞镖放松一下。华生第一次投在“19”分区。他的目标是最终能得39分。他还剩下两次投飞镖的机会，而这两次一定要投在两个不同颜色的分区。

注意：这三支飞镖不能投在同一个分区，也不能在相邻的分区。

他应该投在哪两个分区?

答案见第 86 页

7

目的地

福尔摩斯来得太迟，错过了抓捕行动，莫里亚蒂教授已经乘船逃跑了。他问邮轮上一个水手，莫里亚蒂往哪个方向逃跑。水手回答：

它的第一个字和“丑”相对。

它的第二个字和“钝”相对。

它的第三个字和“软”相对。

它还有三个字，一个和“分”相对，一个和“少”相对，最后那个是“国”字。

它们合在一起就是此邮轮的目的地。

水手想说什么?

答案见第 86 页

犯罪现场

关于犯罪现场，福尔摩斯得到一份提示清单。他要把这些物品的拼音字母填进方格里，然后将彩色方格里的字母按提示组合起来，再加上声调，就能知道犯罪现场是哪里。

你能找到这个地方吗？

提示

数一数每件物品的拼音包含多少个字母。

答案见第 86 页

9

凶器谜团！

赶到犯罪现场后，福尔摩斯侦查了现场并发现几件物品。他不确定哪一件才是凶器。正在此刻，有一块石头破窗而入。他捡起石头，看到上面刻着一行字：

“凶器的牙齿游走于他人牙齿间。”

答案见第 87 页

10

整理物品

赫德森太太在整理华生医生的书房。她在每个盒子的标签上都写上所放物品的数量。每一个数字是其下面两个数字之和。

你能填好这些标签吗？

答案见第 87 页

11

全家福

福尔摩斯要运用逻辑推理填充下面的字母谜题，才能推进案件的调查。填充进去的四个字母组合起来，就是其中一个犯罪嫌疑人的线索。

你能在这张全家福里找出犯罪嫌疑人吗？

J - F - ... - ... - ... - J -
J - ... - S - O - N - D

提示

一年分成哪12个时间段？请写出它们的英文形式。

答案见第 87 页

12

她是谁

一个目击证人来到苏格兰场。雷斯垂德探长马上认出她，因为她的爸爸是他的亲兄弟。

你知道她是探长的什么人吗？

答案见第 87 页

13

还原证据

莫里亚蒂教授撕碎照片，企图毁掉证据。福尔摩斯想把碎片拼接起来，找出莫里亚蒂教授的同伙。

你知道怎么拼接吗?

这个同伙的真实身份是：

_ _ _ _ _ _ _ _

答案见第 87 页

14

正确的方向

在去火车站的时候，华生医生迎面碰上三个带着警犬的警察。

你知道在他们四人中，有多少个人往火车站方向走吗？

答案见第 87 页

15

注意安全

下面是福尔摩斯想要传递给华生医生的安全提醒。

把下面的字组合成一句话，你就知道福尔摩斯想对华生医生说什么。

答案见第 87 页

16

指纹

福尔摩斯拿出放大镜，仔细观察下面这些指纹。其中有两个完全相同的指纹是莫里亚蒂教授留下的。

你能找到它们吗?

答案见第 87 页

17

哪一天？

福尔摩斯不知道可恶的莫里亚蒂下一次行动会是在什么时候。一次偶然的机会，他发现莫里亚蒂可能会在某一天行动。这一天的英文单词所含的字母不是最多的，也不是最少的，这一天不是星期二，也不是周末。

你知道这是哪一天吗?

答案见第 87 页

吵闹的证人

证人们吵吵嚷嚷的，谁也不让谁。福尔摩斯分不清他们每个人究竟说了什么。

根据人物的动作和表情，找到他们所说的话。

答案见第 87 页

19

花瓶配对

一个名贵的中国花瓶只剩一半了，苏格兰场的警察正严密看守着它。它就藏在几个破碎的花瓶中间。

把这些碎花瓶拼完整，你就可以找出那个只剩一半的名贵花瓶。

答案见第 88 页

谁是嫌疑人

福尔摩斯正在追捕一个犯罪嫌疑人。他既不是最矮的也不是最高的；他不在戴帽子的男人旁边；他没系领带，眼睛不是蓝色的。

你认出他了吗?

答案见第 88 页

21

危险工具

莫里亚蒂撬锁闯进一所房子。有一些物品散落在地面上，但福尔摩斯不知道哪一样是被用过的。雷斯垂德探长告诉福尔摩斯，他们从莫里亚蒂同伙那里只获得一条线索：当我们把它们合在一起时，物品就会分开。

答案见第 88 页

顺藤摸瓜

福尔摩斯在抽屉里找线索。他从写着“一”的抽屉开始找。他必须找出和上一个抽屉有相同物品的抽屉，才能把调查工作进行下去。

根据搜查的顺序，把抽屉上的字写下来，就可以获得有关嫌疑人的线索。

答案见第 88 页

23

鉴别地图

莫里亚蒂偷了城堡的地图，但是其中只有一幅是真的。观察城堡的形状，再和下面的地图比照。

哪一幅地图是真的呢？

提示

地图中，一个圆圈对应一座城楼。

答案见第 88 页

24

真假宝石

小狗悠悠发现了被莫里亚蒂偷走的宝石。福尔摩斯知道里面只有一颗是真的，其他都是假的。但是哪一颗是真的呢？他要把表示各颗宝石特征的词语的拼音字母填到方格里，再按顺序把彩色方格的字母组合起来，加上声调，才能找到线索。

真宝石的线索是：

答案见第 88 页

25

混乱的线索

福尔摩斯正在询问一个目击者。他好像在说他看到一个人，但是他说话颠三倒四的，福尔摩斯听得一头雾水。

这个目击者说的是什么人呢？

提示

这是一个词语排列游戏。你可能早上也看到了这个人。

我矮递个看邮一的矮到员。

答案见第 88 页

难懂的情报

华生医生刚收到一份编码情报。如果能把它破解，就能知道盗窃犯什么时候会偷盗大英博物馆的一幅画。

你能破解这份情报吗？万能解码表会是你的好帮手。其中有一个词是“打盹”。

24,9,1,15　20,15,21
10,9,1,14,7　26,1,9
2,1,15　1,14　4,1　4,21,14
4,5　19,8,9
8,15,21　10,9,14　12,1,9

提示

按汉语拼音字母表的顺序，找到与数字相对应的字母，再加上声调。

答案见第 88 页

27

英语密码

福尔摩斯正在找一件证物，他目前只知道它的英文单词第一个字母是B。为了进一步探案，福尔摩斯必须运用逻辑推理完成下面的填空题。填上去的三个字母将是重要的线索。

... - T - T - F - F - S - S - ... - ... - T

线索提示的是下图中哪一样东西呢?

提示
你要先知道怎样用英文数1—10。

答案见第 88 页

28

分赃

莫里亚蒂教授正在跟他的同伙分赃。他在每个信封上写上分给每个人的金额。每个信封的金额都是下面两个信封的金额之和。莫里亚蒂教授决定选蓝色的信封。

你能算算他分到多少钱吗？

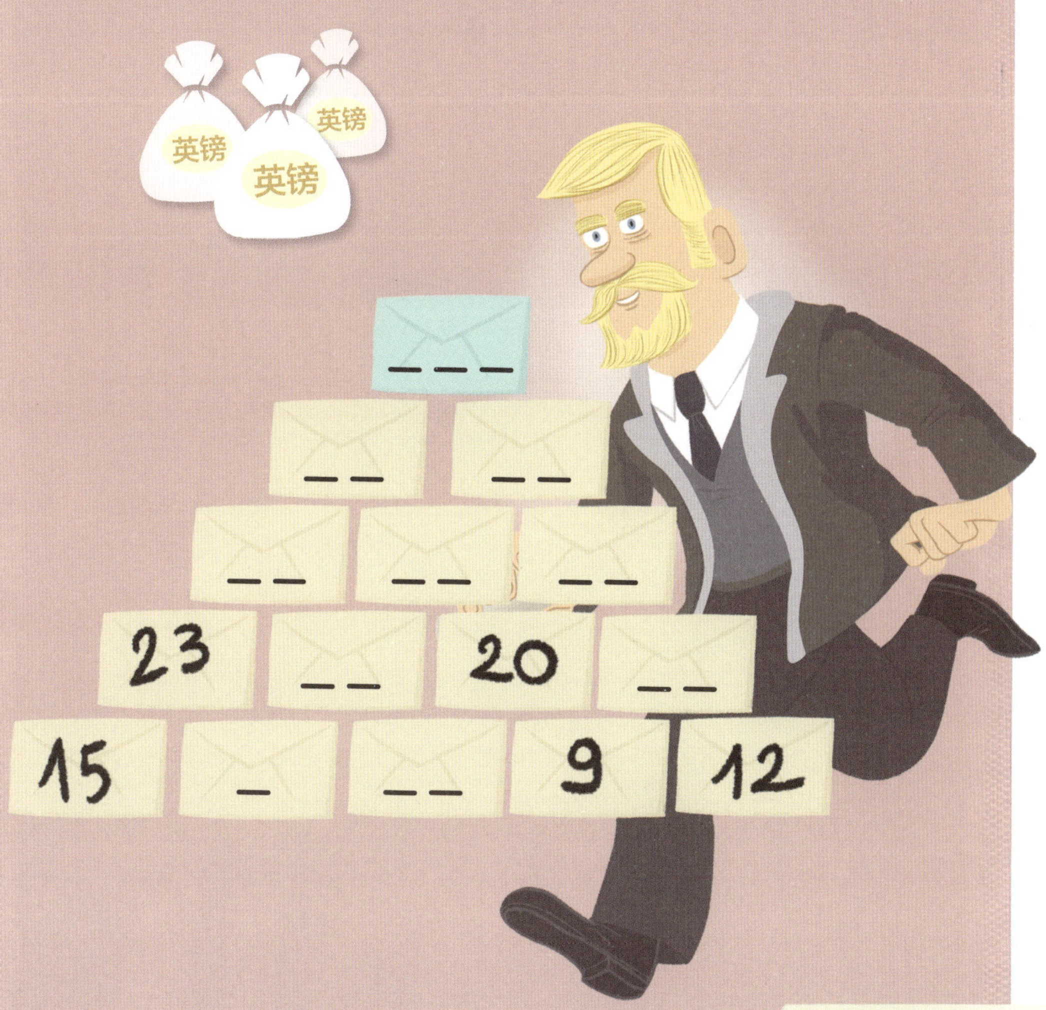

答案见第 89 页

29

熟人来访

有人在敲贝克街221号B室的门。赫德森太太开门一看，原来是她爸爸的儿子。

你知道这个人是赫德森太太的什么人吗？

答案见第 89 页

嫌疑人清单

福尔摩斯有一份嫌疑人清单。要知道谁是真正的罪犯，他必须按照序号将各个词组分别填到方格里。正确填写之后，嫌疑人的身份就会显现出来。

谁是罪犯呢？

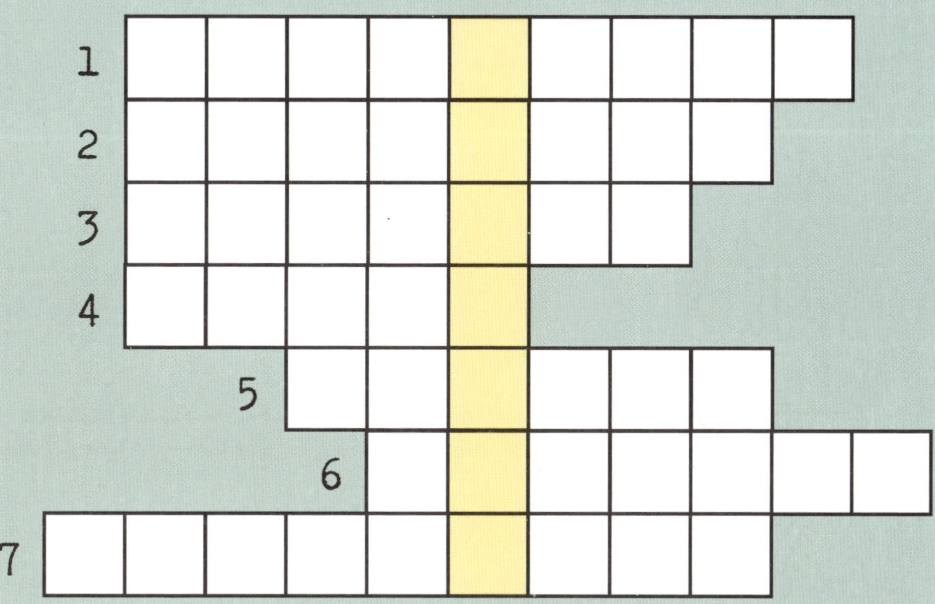

6. 开的士的高个子
7. 正在割草的人和家人
2. 会制作测绘图的人
3. 正在学画画的人
4. 此人无计谋
5. 负责生火的人
1. 制作雕塑以谋生的人

答案见第 89 页

31

追踪罪犯

小狗悠悠正在追踪莫里亚蒂。它要从词语“草地”出发，一直追踪到莫里亚蒂的“毛发”。根据描述写出对应的词语，并在对应的方格里写下其拼音字母。词语1—5中，下一个词语的拼音字母必须全部出自上一个词语的拼音；词语6—9中，上一个词语的全部拼音字母都应该出现在下一个词语的拼音中。所有字母的顺序可以改变。

你能从“草地”一直走到“毛发”吗?

1.长着大片草的地方。
2.用布或拖把等清洁地面。
3.用布或皮等制作的盛东西的器具。
4.“小”的反义词。
5.汉语拼音字母表的第一个字母。

6.一种善跑的动物，骑兵会骑着它作战。
7.老鼠的天敌。
8.小仙子拥有的神奇法术。
9.人体上的毛和头发。

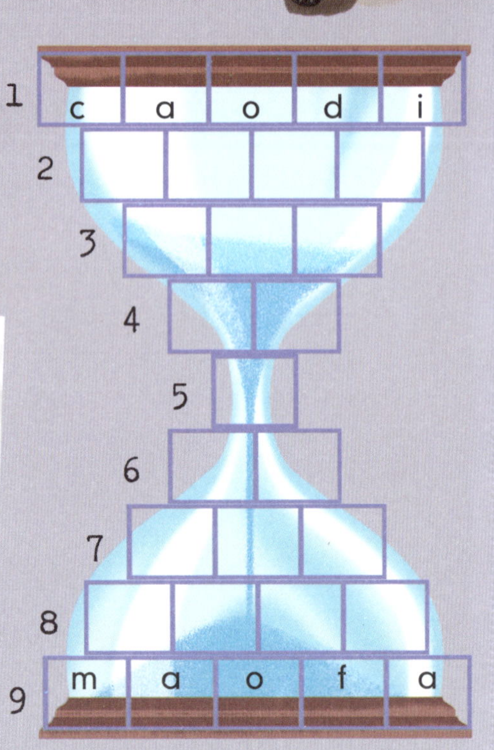

答案见第89页

32

火灾！

贝克街陷入恐慌！伦敦发生了一起火灾，并且每过一个小时，受灾面积就扩大一倍。到晚上六点为止，大火已经蔓延到半个伦敦城。

你知道大火大概多久能熄灭吗？

答案见第 90 页

33

芝麻开门

莫里亚蒂知道宝藏就藏在这扇门后面。他有好几把钥匙，但不知道哪一把才是对的。不过，通过比对钥匙轮廓跟锁孔形状，就可以找出对的钥匙。

你找到了吗？

答案见第 90 页

34

没有的东西

福尔摩斯在训练华生医生的推理能力。他向华生医生展示一个玻璃皿，并对他说："有一样东西，我们会在**李树**、**茶**或者**床架**里找到，但是在**玻璃皿**里却没有。"华生医生开始思考……

你找到答案了吗?

提示

仔细观察加粗的词语中每个字的构成。

答案见第 90 页

35

追捕

福尔摩斯找到一些碎纸片，它们是从同一张纸上撕下来的。把碎纸片上的字按照下列清单重新组合成词组之后，还会剩下两张碎纸片，它们提示了罪犯逃跑的方向。

快来找出这两张碎纸片吧。

矮树丛　　铁路线　　乡村　　红松林　　小溪边

乡	溪	铁	红
线	矮	村	林
树	路	花	小
园	丛	边	松

答案见第 90 页

一个好日子

福尔摩斯跟华生医生计划明天开始调查案件。华生想知道明天是星期几。提示：它的英文单词的第一个字母跟前一天的英文单词第一个字母相同。

明天是星期几?

答案见第 90 页

37

完成交易

华生医生在向福尔摩斯解释发生了什么事。把下面的字连成一句话，看看他说了什么。提示：中间有个词组是“我打电话”。

答案见第 90 页

解不开的绳结

莫里亚蒂准备了一根绳子，想要逃跑。但他从包里拿出绳子时却发现绳子打结了，乱成一团。如果他拉绳子的两头，有些结会解开，有些结却会越拉越紧。

那么，最后还有多少个结解不开呢？

答案见第 90 页

39

有趣的发现

华生医生在报纸上看到有一群小朋友发现了一个史前洞穴。洞穴里有许多珍贵的画面：皇后、手印、梁龙的侧影、一个巨大的狩猎场景……

华生把报纸拿给福尔摩斯看，福尔摩斯马上乐了，说那是一个假的洞穴。

为什么福尔摩斯会这么说呢?

答案见第 90 页

重要线索

小狗悠悠发现一条线索。福尔摩斯要将下列词组按序号填进方格里，这样悠悠发现的线索就会显现出来。

悠悠发现了什么线索？

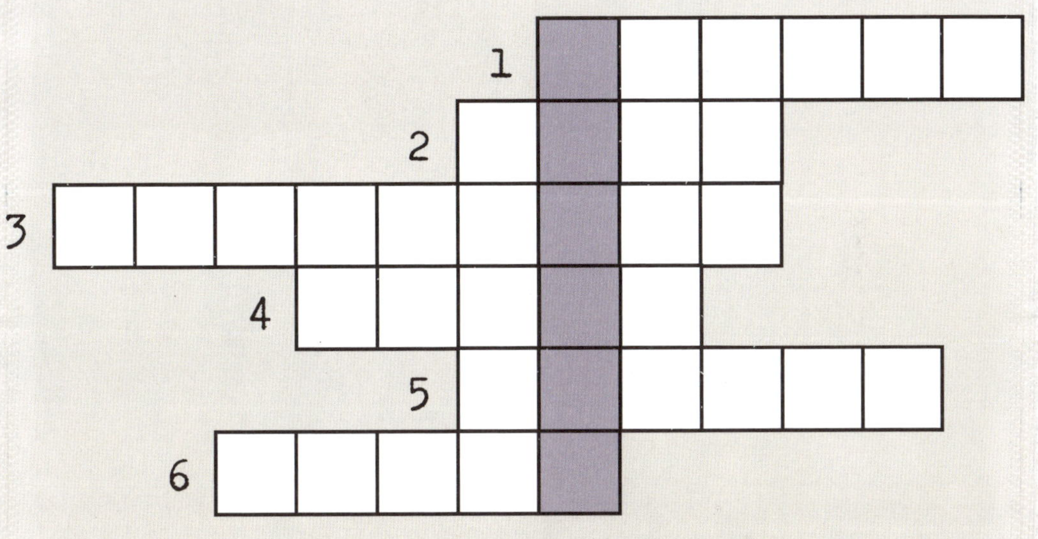

3. 大家互相帮助一条心
1. 找印记小能手
4. 不是大块头
5. 左手有个记号
6. 一张时间表
2. 马到成功

答案见第 90 页

41

墨迹

华生医生把墨水瓶打翻了，墨水洒在福尔摩斯寄来的信上。要知道信件内容，他必须先用相应的拼音字母代替墨迹，再加上声调。

快来帮华生医生读读这封信吧。

答案见第 90 页

42

华生的难题

华生医生收到福尔摩斯的来信。福尔摩斯在信中告诉华生他在哪里。以下是信件内容：

第一个字"得意忘形"时有，"心灰意冷"时也有。

第二个字和"小"正相反。

第三个字和"弊"相对立。

把这三个字组合在一起，就是我现在所在的国家。

那么，福尔摩斯在哪里呢？

答案见第 91 页

43

落荒而逃

莫里亚蒂的同伙在逃跑时落下了一件物品。做了指纹比对后，福尔摩斯知道哪件物品是这个同伙的。但是华生医生还不知道。福尔摩斯以此为乐，并给了一个提示让他猜：这样东西**雪糕**里有，**洞穴**里有，**学校**里也有。

到底是哪件物品呢？提示：先把加粗词语的拼音写出来，进行比较。

答案见第 91 页

44

拦截密件

监狱里的一个犯人试图发一封密件给另一个犯人。但是这封密件被狱警截获了。

你能帮狱警解读这封密件吗？别忘了你还有万能解码表。

提示

按汉语拼音字母表的顺序，把密件中的字母都换成它的前一个字母，加上声调。

XP

NFO

EBP

ZVBO

RJBOH

CJBO XBO

ZJ KV

QV LF

答案见第 91 页

45

发现同伙

莫里亚蒂教授又把一张照片撕碎，企图销毁证据。福尔摩斯把这些碎片拼接起来，发现了他的同伙的职业。

这个同伙是干什么的呢?

拼接后获得的线索：

＿ ＿ ＿ ＿ ＿ ＿ ＿ ＿

答案见第 91 页

图书馆线索

雷斯垂德探长在找一条藏在图书馆里的线索，但是他不知道线索在哪本书里。

为了找到答案，他必须在下面的方格里写下书名，然后将彩色格子里的字按要求重新排列。

《自然的法则》　《非洲的山地大猩猩》
《山地植物图谱之墨兰》
《自动宠物猫露西》
《西西里传说》

提示

数一数各个书名中分别有多少个汉字。

要找的书是：

答案见第 91 页

47

相遇

华生医生在泰晤士河边散步时遇到一个熟人。这个小伙子是他姐姐的儿子。

你能说说这个人跟华生医生是什么关系吗?

答案见第 91 页

48

投射飞镖

福尔摩斯和他亲爱的朋友华生像平常那样一起玩飞镖。福尔摩斯投出了第一支飞镖，投中“15”分区。他的目标是最终得32分。他现在还能投两次飞镖，这两次的飞镖必须投中不同颜色的分区。注意，三支飞镖均不能投在同一分区，也不能在相邻的分区。

他应该怎么投飞镖呢?

答案见第 91 页

49

实验

为了完成实验，华生医生用了搅拌器、烧瓶、玻璃皿、刮刀。

最后，他还要使用吸液管还是木杵呢？

提示

按照题目中的顺序，依次写出每样器具的拼音，数一数它们各包含多少个字母，你就会找到规律！

答案见第 92 页

慌乱

一场慌乱！雷斯垂德探长到了博物馆，但是他什么都没听清楚，因为所有人都在说话。

根据人物的表情和动作，推测他们说了什么话，把对话和对应的人物连起来。

答案见第 92 页

51

藏宝

莫里亚蒂教授在花园里埋了一些首饰。他在每个洞口都放了一块石头，并在石头上写上了所藏首饰的数量。每一块石头上的数字都等于它下面两块石头上的数字之和。

你能推算出每一块石头下面所埋藏首饰的数量吗？

答案见第 92 页

脚印

福尔摩斯拿出放大镜近距离仔细观察地上的脚印。里面只有莫里亚蒂和他的同伙的脚印是对称的。

你能把这两对脚印找出来吗?

答案见第 92 页

53

审讯

雷斯垂德探长正在审讯三个盗窃嫌疑人。但是，他们都没有说实话。第一个人说是第二个人的错，第二个人认罪，第三个人则说是第一个人干的。

他究竟应该抓捕谁呢？

答案见第 92 页

54

重要线索

莫里亚蒂的同伙正在告诉福尔摩斯一条重要线索。但是他的逻辑很混乱，需要把他说的话重新排列成通顺的句子，才能知道他说了什么。提示：第二个字是“躲”。

答案见第 92 页

55

破窗而逃

莫里亚蒂打碎了窗玻璃，跳窗逃跑了。福尔摩斯在满地的碎玻璃里，发现有一片多余的。太奇怪了！

你能找出这片碎玻璃吗？

提示
把碎片挪回玻璃窗，把玻璃窗补全。
A
B
C
D
E
F

答案见第 92 页

56

信上说什么？

一个目击者写了一封信给福尔摩斯，但是他很害怕被发现，所以在上面泼了一些墨水。

你能根据不同墨迹所代表的拼音字母，解读这封信吗？

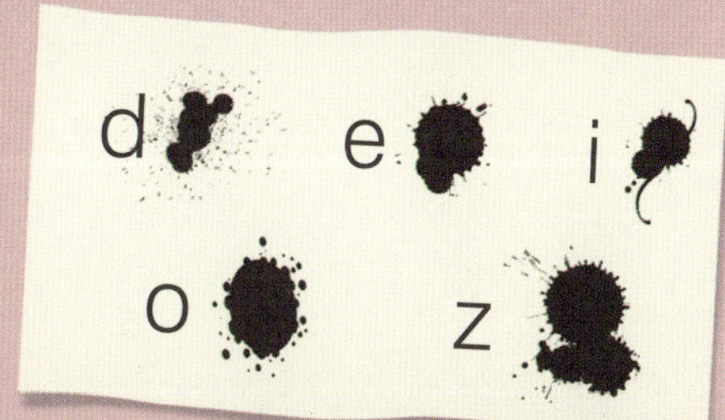

答案见第 92 页

57

休息日

福尔摩斯跟华生医生一直都想一个星期能休息一天。在表示一个星期七天的英文单词里，这一天的字母既不是最多的，也不是最少的，但是音节却是最多的。

你知道他们将在哪一天休息吗?

答案见第 92 页

谁是谁？

莫里亚蒂教授把几个小混混聚在一起。哈卡在路路和吉吉之间。路路在哈卡和方方之间。吉吉站在帕特旁边。左边第一个是方方。

你能准确地把各个人的名字写在他的下方吗？

答案见第 92 页

59

排列整齐

在整理福尔摩斯的物品时，赫德森太太找到了他要找的东西。想知道这个东西是什么吗？把以下物品的拼音字母填进方格里，就能找到线索！别忘了加上声调！

7. 烟斗　　5. 粉末
2. 墨水　　4. 围巾
1. 雨伞　　6. 毛衣
3. 靴子

1
2
3
4
5
6
7

福尔摩斯先生想要的东西你找到了吗？他睡觉时要用到它。

答案见第 93 页

接下来是什么

福尔摩斯把所有线索按以下顺序摆在桌面上：义齿、手镯、皮鞋、灯泡……

接下来是什么呢，糖果还是赤墨水瓶？

提示

按顺序写下每样物品第一个字的笔画数，找出规律。

答案见第 93 页

61

越狱

莫里亚蒂窃取了监狱的地图，企图帮同伙越狱。但是只有一幅地图是真的。他需要用监狱形状和地图做比对，来找到正确的地图。

你知道哪一幅地图是真的吗？

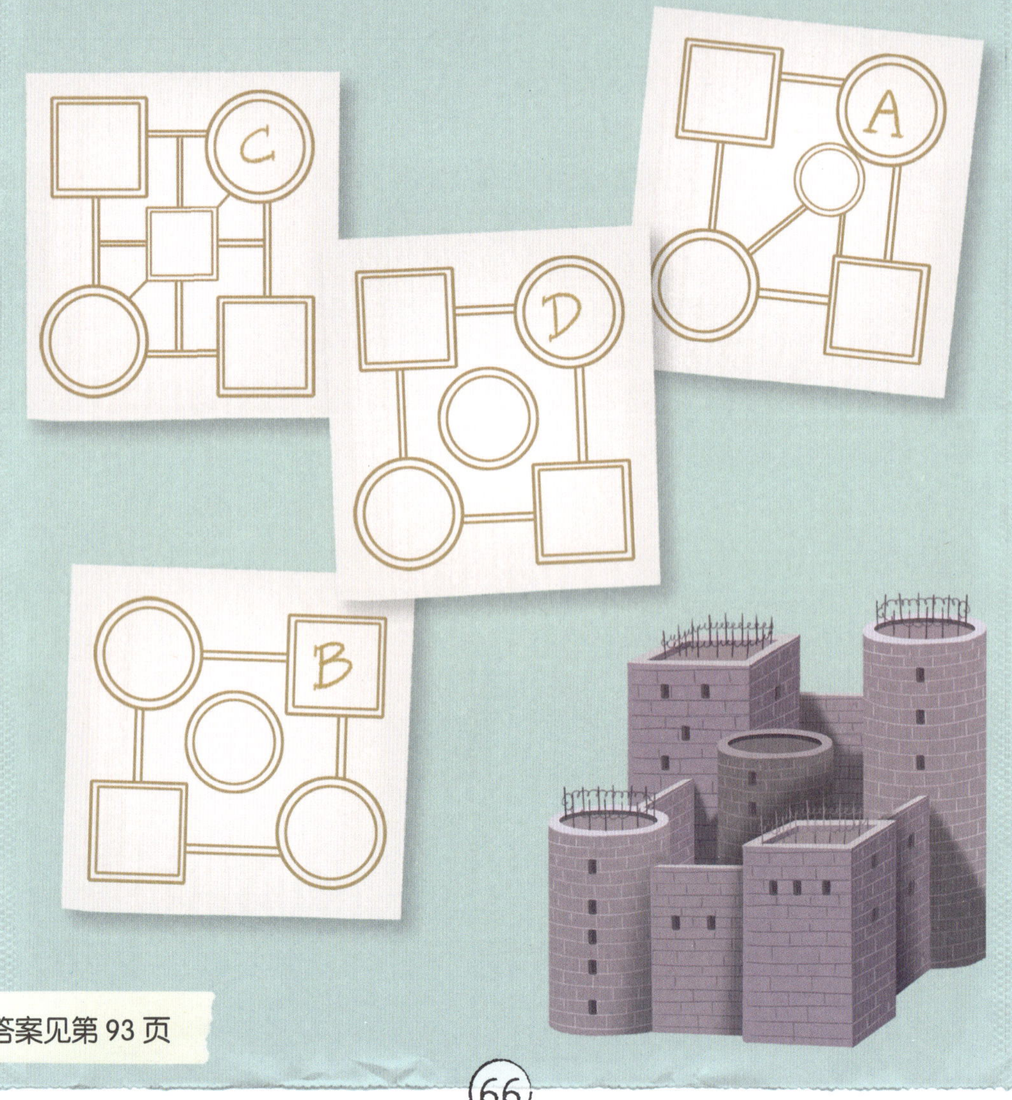

答案见第 93 页

寻找失物

小狗悠悠叼走了赫德森太太的某样东西……可怜的老太太，她把抽屉都翻了个遍，想知道到底被叼走的是什么！她从左上角第一个抽屉开始找，然后找有相同物品的另一个抽屉，以此类推，下一个抽屉和上一个抽屉有相同的物品。

抽屉上标有拼音字母，按翻找抽屉的顺序记录下来，就知道悠悠叼走了什么。

答案见第 93 页

63

想要什么呢？

福尔摩斯看着华生医生，对他说：“我想要的东西是**海洋**的一部分，也是**沙漠**的一部分，但是**森林**却没有。”华生医生知道他的朋友想要什么，然后走进厨房……

他到厨房找什么呢？

提示

仔细观察加粗词语中每个字的构成。

答案见第 93 页

回家

福尔摩斯准备回家。他要怎样从泰晤士河边走到家门口，掏出钥匙呢？按提示写出对应的词语。词语1—5中，下一个词语的拼音字母必须都出自上一个词语的拼音；词语6—11中，上一个词语的拼音字母必须都出现在下一个词语的拼音中。所有字母的顺序可以改变。

1. 靠近河流的地方。
2. “光明”的反义词。
3. 河的岸边。
4. 大声叫。
5. “危”的反义词。
6. 语气词，表示赞叹或惊异。
7. “凸”的反义词。
8. “坏”的反义词。
9. “多”的反义词。
10. 傲慢地看待。
11. 开锁或上锁的工具。

答案见第 93 页

65

奇怪的信息

两个同案犯正在发秘密信息。快拿出你的万能解码表，破解这条信息，帮雷斯垂德探长找到他们碰头的地点。

23,15　　13,5,14
4,1,15　　10,9,1,15
20,1,14,7　　3,8,21
11,15,21　　4,5　　4,1
13,5,14　　2,9,1,14
10,9,1,14

提示

请用汉语拼音字母表里对应位置的字母代替上面的数字，加上声调。

答案见第 94 页

匹配钥匙

莫里亚蒂偷了博物馆门卫的钥匙。通过比对钥匙齿跟锁孔形状，他找到了画廊的钥匙。

你知道哪一把是正确的钥匙吗？

答案见第 94 页

67

遭遇贼盗

福尔摩斯有一件东西被偷了，但他不知道是什么。为了找出被偷的东西，他要把笔记本里记录的物品的拼音填进方格里，再把彩色方格里的字母按顺序排列，才能找到线索。

你知道被偷的东西是什么吗？

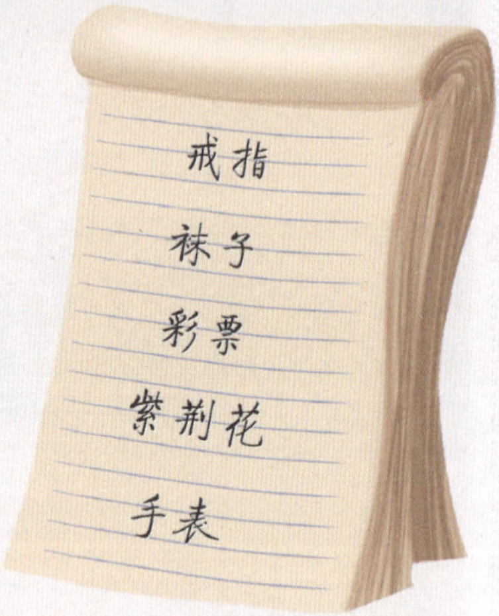

戒指
袜子
彩票
紫荆花
手表

被偷的东西是：

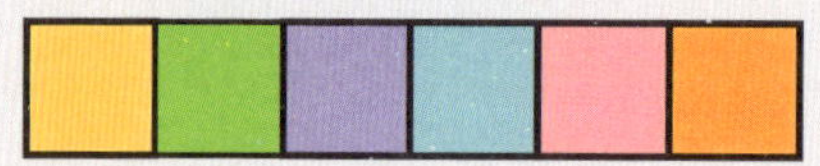

提示

填写之前，先数一数每个词语的拼音含有多少个字母。

答案见第 94 页

68

囚衣编号

囚犯衣服上都有一个编号。狱警把他们的衣服摆成三角形，每一个编号都是它下面两个编号之和。

你能帮狱警把囚衣的编号都填好吗？

答案见第 94 页

69

咖啡

赫德森太太把咖啡洒在雷斯垂德探长寄来的信件上。福尔摩斯要把每块污渍都换成对应的拼音字母，再加上声调，才能读懂这封信。

你读懂这封信了吗？

答案见第 95 页

奇怪的话

这个警察非常兴奋，因为他看到罪犯了。但是他口齿不清，雷斯垂德探长根本不知道他在说什么。

提示

这是一个拼音游戏，请把加粗部分每一个字的第一个拼音字母换成它在汉语拼音字母表上的后一个字母。

罪犯就是那个带
着**央咕咕唠哩**
的女人。

探长有没有听错呢？

答案见第 95 页

71

自我介绍

莫里亚蒂教授不需要向新成员做自我介绍，因为那是他儿子的姐妹。这个人跟教授是什么关系？

答案见第 95 页

72

偷闲

在等待行动的时候，莫里亚蒂的两个同伙玩起了飞镖。露露第一次投中了“6”分区。她的目标是能够得28分。现在还剩两次机会，她要把两支飞镖投到不同颜色的分区。注意，这三支飞镖不能在同一分区，也不能在相邻的分区。

她应该瞄准哪里呢?

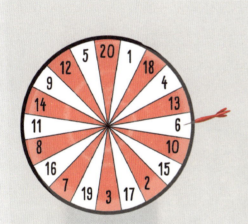

答案见第 95 页

73

珠宝在哪里？

福尔摩斯告诉华生医生，找到珠宝了。为了提示珠宝是在哪个国家找到的，福尔摩斯说：

前两个字听起来像玻璃。
第三个字“拉斯维加斯”有，“维多利亚港”也有。
第四个字很不错，冠军之后就是它。
把这四个字组合起来，你就知道答案了。

那么，珠宝是在哪个国家找到的呢？

答案见第 95 页

药瓶

华生医生有五个装满药的瓶子。他要把瓶子按顺序摆整齐。我们知道：

糖片在丸剂和片剂之间。

胶囊不在糖片和丸剂旁边。

安瓿剂排在最后，而且紧挨着胶囊。

你能帮帮华生医生吗?

答案见第 95 页

75

报警

史密斯先生回家后发现有件东西被弄坏了。他打电话到警察局说，那件物品的形状扑克牌上有，苏格兰裙上也有，还可能和瓷砖一样。

你知道是什么东西被弄坏了吗？请圈出来！

答案见第 95 页

76

名片在哪里？

雷斯垂德探长找不到他的名片。但是，他在书桌上找到了一些碎纸片。他把碎纸片拼起来，获得以下词组，但是线索在消失的那两片碎纸片上。

在方格中找出清单中物品的拼音之后，你就能知道名片在哪里。

文件柜　　抽屉　　写字台　　眼镜盒　　挂衣橱

wén	xiě	guà	yǎn
chōu	guì	jìng	zì
tái	kǒu	hé	tì
chú	yī	jiàn	dài

答案见第 95 页

77

逃跑

一个目击者在跟福尔摩斯讲述他看到的事情。想知道他说了什么吗？请把下面的字排列成一句话。提示：第一个词是“两个”。

答案见第 95 页

警报

福尔摩斯给苏格兰场打电话，告诉他们某一天会有紧急事件发生。这一天不是星期二的前一天，不是星期四的前一天，不是星期五的前一天，也不是星期日的前一天，而且这一天也不是星期一的后一天或星期四的后一天。

那么，到底是哪一天呢？

答案见第 95 页

79

好厨师

赫德森太太正在给华生和福尔摩斯做饭。她放了点儿盐、糖、鸡肉、大葱，还有……

按照她的食谱，她接下来要加甜椒还是面粉呢？

提示
数一数每样配料的拼音
分别包含多少个字母。

答案见第 95 页

80

谁是真正的罪犯？

这六个嫌疑人中，有一个是博普夫人家盗窃案的罪犯。悠悠低吼着靠近他们，嗅了嗅。你觉得悠悠找出了谁？

他没有戴眼镜。
他不是离门最近的。
他身上有首饰。
他不是秃头，也没有胡子。

答案见第 95 页

答案

1. 第6页

是管家玛丽干的。

2. 第7页

我们天黑之后在警察局前面碰头（wǒ men tiān hēi zhī hòu zài jǐng chá jú qián miàn pèng tóu）。

3. 第8页

楼顶（lóu dǐng）。

1			t	i	a	n	l	i	
2				d	i	d	o	n	g
3	q	i	a	n	l	o	u		
4			s	h	a	n	d	i	
5			m	e	n	t	i	n	g
6				h	e	a	n		
7		a	n	f	a	n	g		

4. 第9页

阿根廷。

5. 第10页

他们的钱藏于地毯下面（tā men de qián cáng yú dì tǎn xià miàn）。

6. 第11页

他应该投在“6”分区和“14”分区，19+6+14=39。

7. 第12页

美国（美利坚合众国）。

“丑”对“美”；“钝”对“利”；

“软”对“坚”；“分”对“合”；

“少”对“众”。

8. 第13页

厨房（chú fáng）。→

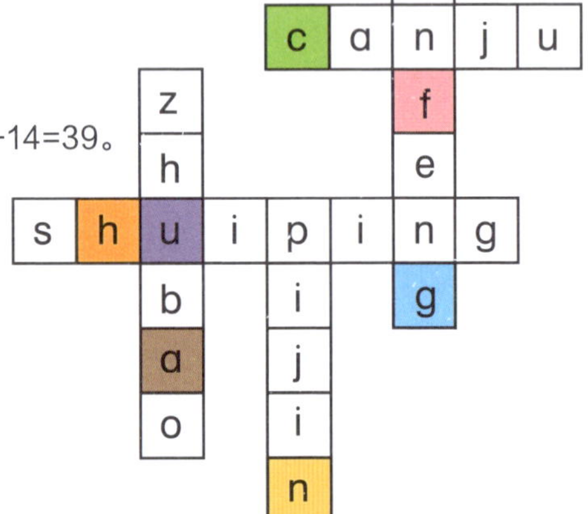

9.第14页

凶器是叉子。

10.第15页

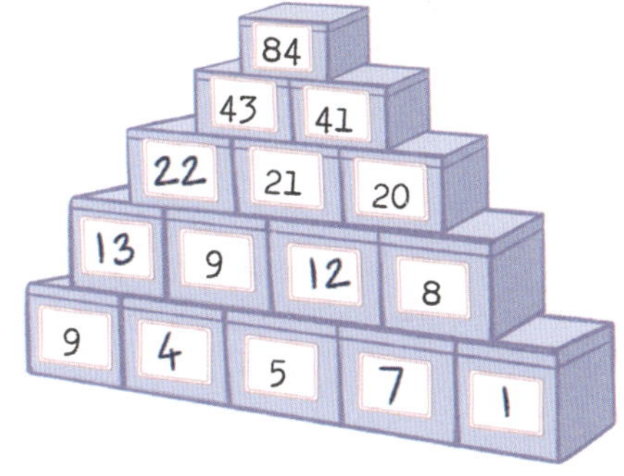

11.第16页

犯罪嫌疑人是全家福里的妈妈（Mama）。
一年有12个月，英文依次为January, February, March, April, May, June, July, August, September , October, November, December。
它们的首字母分别为：J-F-M-A-M-J-J-A-S-O-N-D。

12.第17页

她是探长的侄女。

13.第18页

他是一个水管工人。

他是一个水管工人

14.第19页

只有华生医生一个！华生医生是在去火车站的方向迎面碰到他们的，因此他们是往反方向走的，不是去火车站。

15.第20页

千万记得不要进入游泳池。

16.第21页

指纹4和8。

17.第22页

星期四。

18.第23页

A-3，B-4，C-1，D-2。

19.第24页

D。其他四个花瓶的搭配分别是：A-3，B-1，C-4，E-2。

20.第25页

第5号人物。

21.第26页

剪刀。

22.第27页

一个长着胡子的男人。

23.第28页

地图C。

24.第29页

蓝色（lán sè）。所以只有蓝宝石是真的。

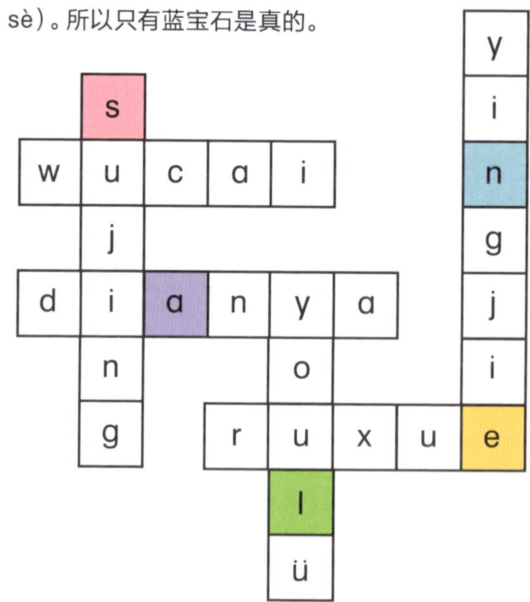

25.第30页

我看到一个矮矮的邮递员。

26.第31页

小偷将在保安打盹的时候进来（xiǎo tōu jiāng zài bǎo ān dǎ dǔn de shí hou jìn lái）。

27.第32页

证物是骨头（bone）。

填上的字母分别是O、E、N。这是按照英文1—10的首字母排列的：

One-Two-Three-Four-Five-Six-Seven-Eight-Nine-Ten。

28.第33页

莫里亚蒂教授分到161英镑。

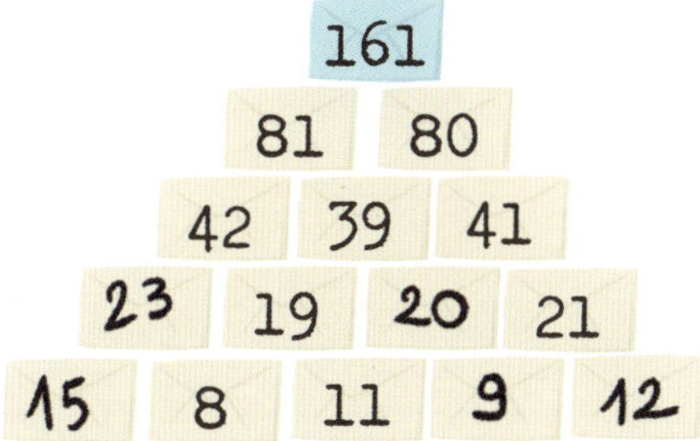

29.第34页

这个人是赫德森太太的兄弟。

30.第35页

真正的罪犯是：以绘画谋生的人。

1 制作雕塑以谋生的人
2 会制作测绘图的人
3 正在学画画的人
4 此人无计谋
5 负责生火的人
6 开的士的高个子
7 正在割草的人和家人

31.第36页

1.草地，2.擦地，3.袋，4.大，5.ɑ，6.马，7.猫，8.魔法，9.毛发。

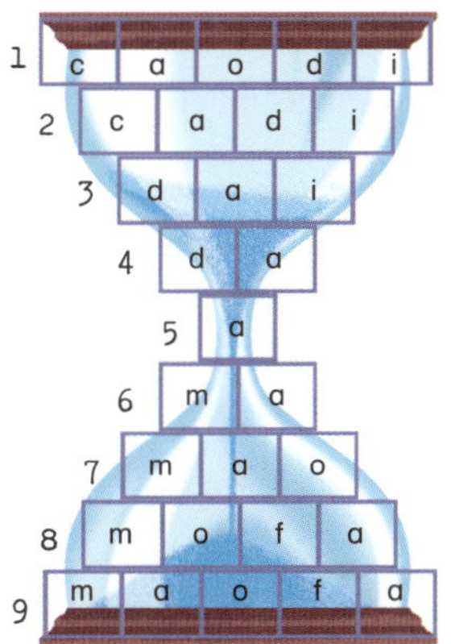

32.第37页

因为大火已经蔓延至半个伦敦城，大概还有一小时大火就会吞噬整个城市……除非消防员能尽快灭火，否则就没救了！

33.第38页

编号为2的钥匙。

34.第39页

木（头）。“李树”“茶”“床架”这些字中都有“木”，“玻璃皿”中则没有。

35.第40页

剩下“花”和“园”。罪犯向花园逃去。

36.第41页

星期日。
只有星期日（Sunday）和星期六（Saturday）是连着的，而且第一个字母相同。

37.第42页

她在我打电话的时候完成交易。

38.第43页

4个。

39.第44页

因为在史前时期恐龙已经灭绝了，不可能出现在史前人类的画中！

40.第45页

这条线索是：找到一块手表。

					1	找	印	记	小	能	手
				2	马	到	成	功			
3	大	家	互	相	帮	助	一	条	心		
			4	不	是	大	块	头			
				5	左	手	有	个	记	号	
		6	一	张	时	间	表				

41.第46页

跟探长见面的时间推迟到后天（gēn tàn zhǎng jiàn miàn de shí jiān tuī chí dào hòu tiān ）。

42. 第47页

意大利。

43. 第48页

靴子。“雪糕”“洞穴”“学校”的拼音都有相同的部分“xue”。图片中只有靴子的拼音里有“xue”。

44. 第49页

我们到院墙边玩一局扑克(wǒ men dào yuàn qiáng biān wán yī jú pū kè)。

45. 第50页

这个同伙是一个女邮递员。

46. 第51页

《法兰西地图》。

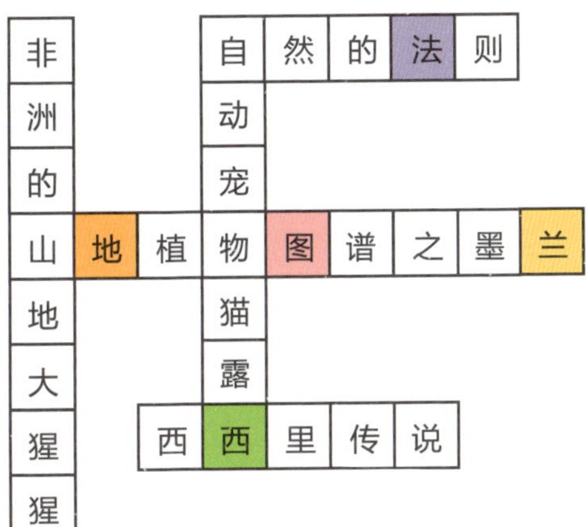

47. 第52页

小伙子是华生医生的外甥，华生医生是小伙子的舅舅。

48. 第53页

他应该分别投到“8”分区和“9”分区，15+8+9=32。

49. 第54页

木杵。四样器具所含的拼音字母分别是9个、8个、7个、6个。木杵的拼音字母是5个，符合递减规律。

50. 第55页

人物和对话的搭配是：A-4，B-1，C-2，D-3。

51. 第56页

52. 第57页

第5对和第7对。

53. 第58页

应该抓捕第三个人。第一个人说谎，所以不是第二个人；第二个人说谎，所以不是他；第三个人说谎，所以不是第一个人。

54. 第59页

他躲在马厩里，很难抓到。

55. 第60页

碎片B。

56. 第61页

盗窃首饰的人就在隔壁屋子里（dào qiè shǒu shì de rén jiù zài gé bì wū zi li）。

57. 第62页

星期六。星期六（Saturday）有8个字母，在七天中字母数第二多；有3个音节，其他六天都只有2个音节。

58. 第63页

从左到右：方方、路路、哈卡、吉吉、帕特。

59.第64页

睡帽(shuì mào)。

		1	y	u	s	a	n	
	2	m	o	s	h	u	i	
			3	x	u	e	z	i
4	w	e	i	j	i	n		
	5	f	e	n	m	o		
			6	m	a	o	y	i
7	y	a	n	d	o	u		

60.第65页

赤墨水瓶。“义齿”“手镯”“皮鞋”“灯泡”的第一个字分别是3画、4画、5画、6画，“赤墨水瓶”第一个字是7画，符合递增规律。

61.第66页

地图D。

62.第67页

剪刀。翻找顺序是 j-i-ǎ-n-d-ā-o。

63.第68页

水。“海洋”“沙漠”中都有“氵”。

64.第69页

1.河边，2.黑暗，

3.河岸，4.喊，5.安，

6.啊，7.凹，8.好，

9.少，10.傲视，11.钥匙。

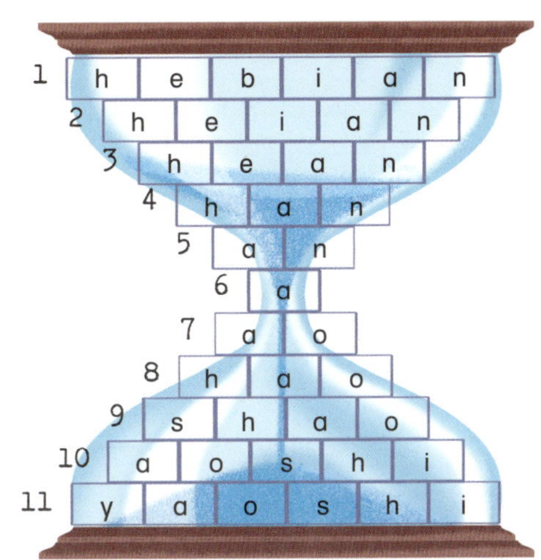

65.第70页

教堂出口的大门边。

信息内容是：我们到教堂出口的大门边见（wǒ men dào jiào táng chū kǒu de dà mén biān jiàn）。

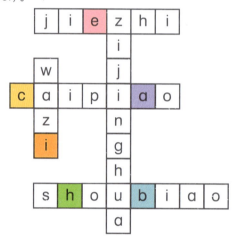

66.第71页

钥匙A。

67.第72页

茶杯（chá bēi）。

	j	i	e	z	h	i		
				i				
	w			j				
c	a	i	p	i	a	o		
	z			n				
	i			g				
				h				
	s	h	o	u	b	i	a	o
				a				

68.第73页

69.第74页

莫里亚蒂的去向已被掌握(mò lǐ yà dì de qù xiàng yǐ bèi zhǎng wò)。

70.第75页

这个人说的是:罪犯就是那个带着脏乎乎猫咪的女人。

71.第76页

新成员是他的女儿。

72.第77页

“15”分区和“7”分区,6+15+7=28。

73.第78页

玻利维亚。“玻利”和“玻璃”谐音;“拉斯维加斯”和“维多利亚港”中都有“维”;冠军之后是亚军,“亚”可表示第二。

74.第79页

1.丸剂,2.糖片,3.片剂,4.胶囊,5.安瓿剂。

75.第80页

玻璃窗上的方形玻璃被弄坏了。

76.第81页

在口袋(kǒu dài)里。

77.第82页

两个小偷跑进树林里了。

78.第83页

星期日。

79.第84页

面粉。“盐”“糖”“鸡肉”“大葱”所含的拼音字母分别是3个、4个、5个、6个,“面粉”所含的拼音字母是7个,符合递增规律。

80.第85页

左边第二个人,即穿黄背心、橙色衬衫的男人。

版权登记号 图字 19-2019-155 号

图书在版编目（CIP）数据

惊天迷案 / (法) 桑德哈・勒布伦编 ; (法) 热拉尔・盖合莱绘 ; 李尧译. — 深圳 : 深圳出版社, 2020.9 (2023.3重印)
(少年大侦探・福尔摩斯探案笔记)
ISBN 978-7-5507-2839-4

Ⅰ.①惊… Ⅱ.①桑… ②热… ③李… Ⅲ.①智力游戏—少年读物 Ⅳ.① G898.2

中国国家版本馆 CIP 数据核字 (2023) 第 008394 号

惊天迷案

JINGTIAN MI'AN

出 品 人　聂雄前
责任编辑　陈少扬　吴一帆
责任技编　陈洁霞
责任校对　李　想
项目统筹　景雪峰
装帧设计　朱玲颖

出版发行　深圳出版社
地　　址　深圳市彩田南路海天综合大厦（518033）
网　　址　www.htph.com.cn
订购电话　0755-83460239（邮购、团购）
排版制作　深圳市童研社文化科技有限公司
印　　刷　中华商务联合印刷（广东）有限公司
开　　本　787mm×1092mm　1/16
印　　张　6.5
字　　数　60 千
版　　次　2020 年 9 月第 1 版
印　　次　2023 年 3 月第 4 次
定　　价　39.80 元

少年大侦探·福尔摩斯探案笔记

全系列！

①初级侦探体验营

《农场奇案》《城堡迷案》

建议阅读年龄： 5岁以上

重点考验能力： 观察力、专注力

②进阶侦探训练营

《环球追捕》《惊天迷案》

建议阅读年龄： 6岁以上

重点考验能力： 拼音、组词、造句、算术

③中级侦探拓展营

《十大案件》《跨时空探案》

《奇妙调查》

建议阅读年龄： 7岁以上

重点考验能力： 信息处理、线索分析

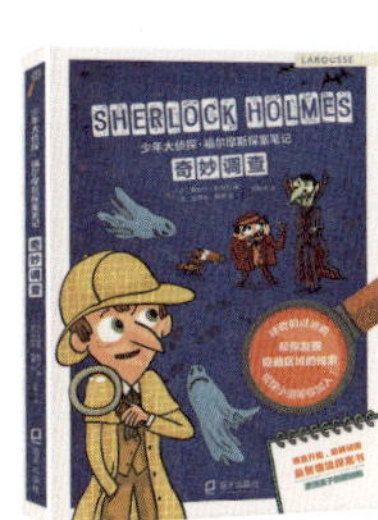

④高级侦探俱乐部

《追查凶手》

建议阅读年龄： 8岁以上

重点考验能力： 阅读理解、逻辑推理

侦探们的旅程还在继续，更多新书敬请期待……